¿Qué está
despierto?

La zarigüeya

Patricia Whitehouse

Traducción de Patricia Cano

Heinemann Library
Chicago, Illinois

© 2003 Reed Educational & Professional Publishing
Published by Heinemann Library,
an imprint of Reed Educational & Professional Publishing,
Chicago, Illinois

Customer Service 888-454-2279
Visit our website at www.heinemannlibrary.com

Designed by Sue Emerson, Heinemann Library
Printed and bound in the United States by Lake Book Manufacturing, Inc.

07 06 05 04 03
10 9 8 7 6 5 4 3 2 1

Library of Congress Cataloging-in-Publication Data
Whitehouse, Patricia, 1958-
   [Opossums. Spanish]
   La zarigüeya / Patricia Whitehouse.
      p. cm. — (¿Qué está despierto?)
Summary: A basic introduction to opossums, including their habitat, diet, and physical features.
   ISBN 1-40340-395-3 (HC),1-40340-636-7 (Pbk)
   1. Opossum—Juvenile literature. [1. Opossums. 2. Spanish language materials] I. Title.
   QL737.M34 W4818 2002
   599.2'76—dc21

                     2001059621

Acknowledgments
The author and publishers are grateful to the following for permission to reproduce copyright material:
p. 4 Steve Strickland/Visuals Unlimited; pp. 5, 9, 16, 22 Joe McDonald/Visuals Unlimited; p. 6 John D. Cunningham/ Visuals Unlimited; pp. 7, 8L S. Maslowski/Visuals Unlimited; p. 8R V. McMillan/Visuals Unlimited; p. 10, 17 J. L. Lepore/ Photo Researchers, Inc.; p. 11 David J. Sams/Stock Boston, Inc./PictureQuest; p. 12 Maslowski/Visuals Unlimited; p. 13 John Mitchell/Photo Researchers, Inc.; p. 14, 20 Jeff Lepore/Photo Researchers, Inc.; p. 15 David Newman/Visuals Unlimited; p. 18 Steve Maslowski/Photo Researchers, Inc. p. 19 Gary Walter/Visuals Unlimited; p. 21 Michael Habicht

Cover photograph by Joe McDonald/Visuals Unlimited

Every effort has been made to contact copyright holders of any material reproduced in this book.
Any omissions will be rectified in subsequent printings if notice is given to the publisher.

Special thanks to our bilingual advisory panel for their help in the preparation of this book:

Aurora García
Literacy Specialist
Northside Independent School District
San Antonio, TX

Leah Radinsky
Bilingual Teacher
Interamerican School
Chicago, IL

Argentina Palacios
Docent
Bronx Zoo
New York, NY

Ursula Sexton
Researcher, WestEd
San Ramon, CA

The publisher would also like to thank Dr. Dennis Radabaugh, Professor of Zoology at Ohio Wesleyan University in Delaware, Ohio, for his help in reviewing the contents of this book.

Unas palabras están en negrita, **así.**
Las encontrarás en el glosario en fotos de la página 23.

Contenido

¿Qué está despierto?

Mientras tú duermes, hay unos animales despiertos.

Los animales que están despiertos de noche son animales **nocturnos**.

La zarigüeya, o tlacuache, está despierta de noche.

¿Qué es la zarigüeya?

La zarigüeya es un **marsupial**.

La hembra tiene una **bolsa** para cargar las crías, como este canguro.

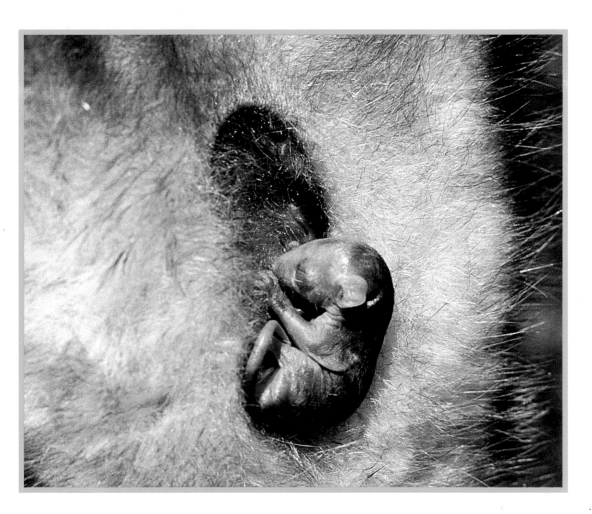

Las crías de los marsupiales
viven en la bolsa de la madre
mientras crecen.

¿Cómo es la zarigüeya?

zarigüeya

gato

La zarigüeya es del tamaño del gato.

Tiene **pelaje** de color gris o negro.

8

orejas

ojo

cola

patas

La zarigüeya tiene ojos y orejas negros.

Las patas y la cola son rosadas.

¿Dónde vive la zarigüeya?

En el campo, la zarigüeya vive en bosques.

Duerme en **madrigueras**.

En la ciudad, la zarigüeya vive
en árboles o cerca de casas.

¿Qué hace la zarigüeya de noche?

La zarigüeya duerme casi todo el tiempo.

Después de que oscurece, sale de la **madriguera**.

Busca alimento.

Come unas horas y vuelve a dormir.

¿Qué come la zarigüeya?

En el campo, la zarigüeya come animalitos e insectos.

También come frutas y hojas.

En la ciudad, la zarigüeya come lo mismo.

También busca alimento en botes de basura.

¿Qué sonido hace la zarigüeya?

La zarigüeya por lo general
es muy callada.

A veces hace un sonido como
un silbido.

Hace ese sonido cuando tiene miedo.

¿Qué tiene de especial la zarigüeya?

La zarigüeya se cuelga de la cola.

A veces carga las crías en el lomo.

La zarigüeya engaña a los animales
que se la quieren comer.

Se hace la muerta hasta que
el animal se va.

¿Dónde pasa el día la zarigüeya?

Por la mañana, la zarigüeya busca un lugar protegido.

Hace un **nido** de hojas y pasto.

La zarigüeya duerme todo el día.

Mapa de la zarigüeya

pelaje

orejas

ojo

cola

pata

bolsa

Glosario en fotos

 **madriguera**
páginas 10, 12

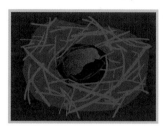 **nido**
página 20

 **pelaje**
página 8

 **nocturno**
página 4

 **marsupial**
páginas 6, 7

 **bolsa**
páginas 6, 7

Nota a padres y maestros

Leer para buscar información es un aspecto importante del desarrollo de la lectoescritura. El aprendizaje empieza con una pregunta. Si usted alienta a los niños a hacerse preguntas sobre el mundo que los rodea, los ayudará a verse como investigadores. En este libro, se identifica el animal como un marsupial. Los marsupiales tienen una bolsa, o marsupio, en donde cargan y amamantan a sus crías. El símbolo de marsupial en el glosario en fotos muestra las crías de una zarigüeya en la bolsa de la madre. El símbolo de bolsa muestra la parte exterior de la bolsa de un canguro, donde se asoma la cabeza de la cría. Guíe a los niños a reconocer la diferencia entre mamíferos y marsupiales. Explique también que aunque el canguro es el marsupial que tiene una bolsa más fácil de reconocer, otros animales, como la zarigüeya, también son marsupiales.

PRECAUCIÓN: Recuérdeles a los niños que no deben tocar animales silvestres. Los niños deben lavarse las manos con agua y jabón después de tocar cualquier animal.

Índice